AF341094

MÉMOIRES DE M. DUPIN.

ÉPISODE :

MADAME LA DUCHESSE D'ORLÉANS

A LA CHAMBRE DES DÉPUTÉS.

(**Séance du 24 février 1848.**)

Extrait du tome IV et dernier, pages 465 et suivantes.

PLON, IMPRIMEUR-ÉDITEUR, RUE GARANCIÈRE, 8.

Jusqu'à présent, j'ai rappelé, sur le témoignage d'autrui et la notoriété publique, et d'après l'appréciation que j'en avais pu faire, les principaux événements dont se composait la situation des affaires au 24 février.

Je dois raconter maintenant avec précision la part que j'ai eue dans cette triste journée, et les faits qui se sont passés sous mes yeux.

J'en ai écrit dans le temps une *relation* succincte, que j'ai envoyée à S. M. le Roi des Belges, qui l'a communiquée à Madame la duchesse d'Orléans et aux autres membres de la Famille Royale.

Je reprendrai cette relation comme base de mon récit, en la complétant par les réflexions qu'amènera naturellement la marche des faits.

Dans la matinée du 24 février, j'étais sorti de chez moi d'assez bonne heure (un peu avant midi), pour sa-

1

voir des nouvelles, arriver à la Chambre avant l'heure de la séance, et conférer avec ceux de mes collègues qui se trouveraient à la bibliothèque.

Je suivais la rue du Bac, lorsque je rencontrai mon collègue M. le marquis de Grammont, qui se dirigeait aussi vers la Chambre. — Notre intention était de nous y rendre par les quais [1].

Nous approchions du pont Royal, lorsque nous vîmes un assez grand nombre de gardes nationaux marchant à la débandade, et qui regagnaient leur domicile, en répandant le bruit de l'abdication du Roi. — Cette nouvelle nous surprit étrangement; mais, à chaque pas que nous faisions, elle se confirmait. Cela nous fit prendre la résolution d'aller aux Tuileries, pour savoir au juste ce qu'il y avait de vrai.

De l'autre côté du pont, nous aperçûmes sur le quai des troupes de différentes armes, notamment de l'artillerie, qui défilaient par les guichets du château. Nous entendîmes aussi des personnes, qui semblaient particulièrement chargées de ce soin, proclamer l'annonce de *l'abdication* du Roi, et la *régence* de Madame la duchesse d'Orléans !

A l'entrée du guichet du pavillon de Flore, je dis au suisse, qui me connaissait : « Nous allons chez le Roi. » — « Mais le Roi n'est plus aux Tuileries, » répondit-il. — « Et Madame la duchesse d'Orléans, y est-elle ? » — « Voyez, nous dit-il, au pavillon Marsan. »

Les derniers pelotons de soldats s'écoulaient. Devant le pavillon de l'Horloge était encore l'état-major cara-

---

[1] J'ai lu toute cette partie de mon récit à M. de Grammont pour m'assurer que ses souvenirs étaient bien d'accord avec les miens.

colant autour de Mgr le duc de Nemours en grand uniforme et à cheval. Nous saluâmes le Prince en passant
près de lui ; il nous rendit courtoisement notre salut,
sans nous dire autre chose que : « Bonjour, monsieur
Dupin. Bonjour, monsieur de Grammont. »

Nous continuâmes à nous diriger vers le pavillon
Marsan. Dans le salon d'attente étaient quelques officiers de service[1]. On nous introduisit chez Madame la
duchesse d'Orléans. La Princesse était seule avec ses
deux enfants et l'une de ses dames[2], debout, au pied
du portrait de son mari, dans son grand salon, dont les
volets étaient poussés derrière les fenêtres donnant sur
la rue de Rivoli, de crainte des balles, si l'émeute,
comme on pouvait le craindre, arrivait de ce côté.

« Oh! me dit-elle dès qu'elle m'aperçut, monsieur
Dupin, vous êtes le premier qui veniez à moi ! »

En effet, elle n'avait près d'elle ni Ministres, ni Ma-
réchaux, ni aucun homme ayant un *caractère politique.*
Je le répète, elle *était seule.*

Madame la duchesse d'Orléans dit au comte de Paris
de nous donner la main à Grammont et à moi, ce qu'il
fit très-gracieusement. Nous entrâmes ensuite en con-
versation, et j'allais parler de l'abdication du Roi et
de ses suites, ainsi que de la régence, lorsqu'on an-
nonça le baron de Lacrosse, l'un des Secrétaires de la
Chambre ; et lui-même avait à peine fait ses saluta-
tions, qu'on vint dire à Madame la Duchesse[3] « que
le Roi attendait S. A. R. au Pont-Tournant, avec

---

[1] Parmi eux (j'ai su leurs noms depuis), étaient M. Hamelin et
M. Bouët-Villaumez.

[2] Madame de Wins de Peysac.

[3] Le messager, m'a-t-on dit depuis, était M. Touchard, officier
d'ordonnance du prince de Joinville, alors absent.

M. Odilon Barrot ». — Madame la Duchesse fit aussitôt ses dispositions pour partir; et M. de Lacrosse, de son côté, se retira pour aller en toute hâte à la Chambre, où l'appelait l'heure de la séance.

Peu d'instants après, Madame la duchesse d'Orléans était prête, ainsi que ses enfants; nous nous mîmes en marche. Arrivés au bas de l'escalier, dans le vestibule, quelques-uns des officiers qui étaient dans l'antichambre, et qui avaient suivi le mouvement, s'empressèrent auprès de la Princesse. Mais elle les remercia, en me disant : « Monsieur Dupin, vous êtes membre de la Chambre des Députés, donnez-moi le bras. » — Ce que je fis à l'instant.

Nous marchions ainsi : Madame me donnait le bras gauche, et elle tenait le comte de Paris de la main droite. M. de Grammont donnait la main gauche au jeune Prince : le duc de Chartres, un peu souffrant, était porté à bras, sur la même ligne, par M. le docteur Blache.

Les officiers dont j'ai parlé nous suivaient à quelques pas de distance, avec plusieurs hommes de service. Nous traversâmes ainsi la cour des Tuileries, jusqu'au pavillon de l'Horloge. Tout l'état-major avait disparu. Il ne restait dans cette cour que deux pelotons de gardes nationaux, qui regardaient ce faible cortége avec curiosité, mais sans se l'expliquer; ils étaient l'arme au pied, près du guichet qui conduit à la rue de Rivoli; nul en ce moment ne songeait aux honneurs militaires !....

On entendait quelques explosions du côté du Palais-Royal : mais la place du Carrousel était *entièrement libre*. On n'y tirait *pas de coups de fusil :* Madame la duchesse d'Orléans n'avait nul besoin que personne lui fît *un rempart de son corps.* Les écrivains qui ont voulu faire jouer ce rôle à Mgr le duc de Nemours, pour dramatiser leur récit [1], ont été très-mal informés. Pendant notre visite, Mgr le duc de Nemours avait quitté la cour des Tuileries avec tous ses officiers, pour aller assurer la retraite du Roi et de la Reine, et celle de la duchesse de Nemours et de ses jeunes enfants. Mgr le duc de Nemours *n'était donc pas avec nous,* je l'affirme. Je l'ai déjà dit et imprimé en 1853 [2], je le répète avec assurance : S. A. R. ne démentira pas le fait, pas plus aujourd'hui qu'elle ne l'a fait alors.

Nous entrâmes ainsi dans le jardin, où stationnait encore, entre les deux bassins, un détachement de troupes de ligne, qui ne fit aucun mouvement, ignorant qui passait.

Au moment où nous entrions dans la grande allée, un adjudant, monté sur un petit cheval blanc, vint au-devant de nous au galop, nous engager à presser le pas. Je répondis que nous allions aussi vite que possible, l'un des enfants étant malade [3]. Il repartit aussitôt. Mais au moment où nous approchions du grand bassin, ce même cavalier revint pour nous dire que le Roi n'avait pu s'arrêter, et qu'il était parti se dirigeant sur Saint-Cloud, sans attendre M. Odilon Barrot qui n'était pas arrivé !

Si ce Ministre eût été là, et que Madame la duchesse d'Orléans eût pu se procurer une calèche, je ne doute pas qu'elle n'y fût montée, et qu'elle n'eût eu le courage de se montrer au peuple et de parcourir les boulevards avec le jeune Roi. Mais tous les moyens d'ac-

---

[1] Voir aux *Annexes.*
[2] Volume intitulé : *La Présidence,* p. 127, *in fine,* à la note.
[3] *En vix traho!*

tion manquaient à la fois ; et, dans l'impossibilité de retourner en arrière, il n'y avait pas d'autre issue que de se diriger vers la Chambre des Députés, à laquelle nous ne songions nullement au moment du départ.

Dans cet instant critique, il fallait prendre un parti. Les regards du poste, et de la foule qui s'amoncelait à la grille du Pont-Tournant, étaient fixés sur nous. Je dis alors à Madame la duchesse d'Orléans, qui dans tout le trajet n'avait pas quitté mon bras : « Madame, » quand nous serons à la grille, je vous proclamerai à » haute voix ainsi que votre fils, et nous nous confie- » rons à la garde nationale. »—En effet, arrivé à la grille de la place de la Concorde, je m'avançai, j'ôtai mon chapeau, et je dis d'une voix ferme : « *Vive le Comte de Paris, Roi des Français! Vive Madame la duchesse d'Orléans, Régente!* »—La compagnie de la garde nationale qui se trouvait là accueillit la Duchesse avec enthousiasme, et poussa les cris de « *Vive le Comte de Paris, Roi des Français! Vive la Régente!* »

Ce cri fut répété par la foule.

Puis, instinctivement, sans dessein prémédité, la garde nationale et le peuple ouvrirent devant nous le chemin depuis la grille jusqu'au pont de la Concorde. Je conseillai en ce moment à madame la Duchesse de donner le bras à l'officier qui commandait la garde nationale ; je la suivais immédiatement avec mon collègue M. de Grammont ; quelques Députés survinrent, et nous arrivâmes ainsi à la Chambre des Députés au milieu des cris réitérés de *Vive le Roi! vive la Régente!* sans une seule voix dissidente.

A l'apparition de Madame la duchesse d'Orléans et du jeune Roi, la Chambre entière se leva et fit entendre à plusieurs reprises les plus vives acclamations.

Madame la Duchesse alla s'asseoir, avec ses enfants, sur des fauteuils apportés à la hâte dans l'hémicycle, au pied de la tribune, en face de l'Assemblée. Au même instant, Mgr le duc de Nemours survint avec ses aides de camp. J'allai m'asseoir à ma place ordinaire, au centre gauche.

Mais nous sommes en séance : laissons parler le *Moniteur*.

Séance du 24 février. — Extrait du Moniteur *du 25.*

M. de Cambacérès : « Je demande que la Chambre reste en permanence jusqu'à la fin de la crise. (Oui! oui!)

M. le Président : » Il ne peut pas être question de permanence autre que celle-ci : la Chambre a ouvert sa séance, et elle restera ouverte *tant qu'il ne sera pas fait motion de la lever.* La Chambre s'est réunie seulement en séance publique, à l'heure où elle devait se réunir dans les bureaux. » (Très-bien! très-bien!)

La séance demeure suspendue.

Une vive agitation règne dans l'assemblée, dont tous les membres paraissent gravement préoccupés. Le nom de M. Odilon Barrot, qui, dit-on, a été nommé *Président du Conseil,* est prononcé par beaucoup de membres qui semblent étonnés de son absence : le bruit se répand de l'abdication du Roi en faveur du comte de Paris, sous la régence de Madame la duchesse d'Orléans.

A une heure et demie, on annonce que Madame la duchesse d'Orléans, et M. le comte de Paris vont se rendre à la séance.

Au même instant, en effet, Madame la duchesse d'Orléans entre, tenant M. le comte de Paris d'une main, et M. le duc de Chartres de l'autre. De vives acclamations l'accueillent. Un grand nombre de membres de diverses parties de la Chambre font entendre les cris de *Vive la duchesse d'Orléans! vive le comte de Paris! vive le Roi! vive la Régente!*

Madame la duchesse d'Orléans et ses enfants prennent place sur des siéges que l'on a disposés à la hâte dans l'hémicycle, au pied de la tribune. M. le duc de Nemours accompagne Madame la duchesse d'Orléans. Plusieurs officiers et des gardes nationaux en uniforme lui servent d'escorte.

Un certain nombre de personnes étrangères à la Chambre entrent aussi dans la salle, et se tiennent debout dans les deux couloirs.

Une grande anxiété se peint sur toutes les physionomies.

M. Lacrosse, au milieu du bruit : « Je demande que la parole soit donnée à M. Dupin, qui vient d'amener M. le comte de Paris dans la Chambre.

M. Dupin : » Je ne l'ai pas demandée [1].

Voix nombreuses : » Parlez ! parlez !

M. Dupin : (Écoutez ! écoutez !) » Messieurs, vous connaissez la situation de la Capitale, les manifestations qui ont eu lieu. Elles ont eu pour résultat l'abdication de Sa Majesté Louis-Philippe, qui a déclaré en même temps qu'il déposait le pouvoir, et qu'il le laissait, à sa libre transmission, sur la tête du comte de Paris, avec la régence de Madame la duchesse d'Orléans [2]. (Vives acclamations. — Cris nombreux de *Vive le Roi ! Vive le comte de Paris ! Vive la Régente !*)

» Messieurs, vos acclamations, si précieuses pour le nouveau Roi et pour Madame la Régente, ne sont pas les premières qui l'aient saluée ; elle a traversé à pied les Tuileries et la place de la Concorde, escortée par le peuple et par la garde nationale (Bravo ! bravo !), exprimant ce vœu, comme il est au fond de son cœur, de n'administrer qu'avec le sentiment profond de l'intérêt public, du vœu national, de la gloire et de la prospérité de la France. (Nouveaux bravos.)

(M. Dupin descend de la tribune.)

Plusieurs membres : » M. Barrot ! M. Barrot à la tribune !

D'autres membres : » Il est absent !

---

[1] En effet, je n'étais pas ministre ; je n'exerçais aucune autorité ; je n'avais pas qualité pour prendre l'initiative d'aucune mesure. — Que dire d'ailleurs ? — Jamais je n'ai été pris de si court. Je n'avais, pour délibérer avec moi-même, que le peu de moments qu'il me faudrait pour aller de ma place à la tribune. De toutes parts cependant on me criait : « Parlez, parlez ! » — Dans cette extrême anxiété, ne prenant conseil que de mon attachement à la Famille Royale, au fils du duc d'Orléans, à cette femme si courageuse, à cette mère si dévouée, je sentis que le point important était de provoquer les acclamations de la Chambre en faveur du jeune roi, et d'en demander *acte.*

[2] Je n'en parlais que par ouï-dire, n'ayant pas vu l'acte d'abdication, ainsi que je l'ai déjà dit.

M. Dupin, de sa place : » Il me semble que la Chambre par ses acclamations unanimes vient d'exprimer un sentiment non équivoque *qui doit être constaté.*

Voix nombreuses : » Oui! oui!

Voix diverses à gauche et à l'extrême gauche : » Non! non! Attendons M. Barrot! Un Gouvernement provisoire!

M. Dupin : » Je demande, en attendant que l'acte d'abdication, qui nous sera remis probablement par M. Barrot, soit parvenu, que la Chambre fasse inscrire au procès-verbal les acclamations qui ont accompagné ici et salué dans cette enceinte le comte de Paris comme Roi des Français, et Madame la duchesse d'Orléans comme Régente, *sous la garantie du vœu national.* (Oui! oui! Bravo! Non! — Vive et universelle agitation.)

M. le Président : [1] » Messieurs, il me semble que la Chambre par ses acclamations unanimes....

(Approbation au centre. — Réclamations à gauche et à droite, et de la part des spectateurs qui sont entrés dans les couloirs.)

M. Dupin : » Je constate avant tout les acclamations du peuple et de la garde nationale....

(M. Marie demande la parole et monte à la tribune. Le bruit et l'agitation l'empêchent de se faire entendre.)

M. de Lamartine, de sa place : » Je demande à M. le Président de suspendre la séance, par le double motif du respect que nous inspirent, d'un côté, la représentation nationale, et, de l'autre, la présence de l'auguste Princesse qui est ici devant nous. (Non! non! oui!)

M. le Président : » La Chambre va suspendre sa séance jusqu'à ce que Madame la duchesse d'Orléans et le nouveau Roi se soient retirés. » (Non! non !)

Arrêtons-nous ici, puisque la séance est *suspendue!...*

---

[1] Le *Moniteur* n'achève pas la phrase du Président; mais, dans le procès-verbal officiel de la séance, on lit : « M. le Président dit que cette constatation sera faite au procès-verbal. »

Et M. le Président, dans son volume intitulé *la Chambre des députés,* dit à la page 399 : « A l'instant, le Président se lève et déclare, qu'avant toute délibération, il doit *constater, au nom de la Chambre,* les acclamations universelles qui *ont proclamé le nouveau roi,* et salué madame la duchesse d'Orléans comme régente du royaume. »

Vainement le poëte enveloppe sa phrase d'une formule respectueuse, sa proposition était souverainement irrévérentielle. — C'était tout uniment proposer de mettre le jeune Roi et sa Mère à la porte, comme des *intrus* qui n'avaient pas le droit d'assister à la séance. — Or, cette séance, puisque le Roi était présent, était en réalité *une séance royale.* — Aucune autorité n'était là supérieure à la sienne; la présidence de l'Assemblée, en pareille circonstance, n'était qu'une présidence d'ordre, qui ne conférait au Président aucune autorité sur les personnes royales en face desquelles il siégeait.

Il devait donc repousser la proposition de M. de Lamartine comme inconvenante et inconstitutionnelle.

Dans tous les cas, il ne devait pas décider seul. — Se figure-t-on en effet ce qui serait arrivé si, mettant aux voix la proposition de M. de Lamartine, le Président eût dit sérieusement à l'Assemblée : « Que ceux » qui sont d'avis que le Roi et Madame la duchesse » d'Orléans sortent de la salle, se lèvent? » —Une explosion de murmures et des cris d'indignation eussent éclaté à l'instant.

Au lieu de cela, et comme si c'eût été la chose du monde la plus simple et la plus naturelle, le Président, sans que personne pût prévoir ce qu'il allait dire, se hâte de prononcer cette sentence : « La Chambre » va suspendre sa séance jusqu'à ce que Madame la » duchesse d'Orléans et le nouveau Roi *se soient re-* » *tirés !* »

« Non ! non ! » disent les Députés ; et ces Députés avaient raison de s'écrier : Non ! non ! — En effet, se retirer !... et où aller, grand Dieu ! — Aucun des Ministres n'était présent.... Ceux des Députés qui avaient le plus poussé à l'abdication du Roi étaient ceux qui se montraient le moins !... Aucune disposition, je l'ai déjà dit, n'avait été prise pour protéger la Chambre, ni du côté du pont de la Concorde, ni du côté de la rue de Bourgogne [1].

L'émeute était dans les rues... Dans ce moment, et depuis notre départ, les Tuileries étaient tombées au pouvoir des factieux !

Quitter l'Assemblée ! *Se retirer !* et où aller? — Ah ! monsieur de Lamartine !—Ah ! monsieur le Président !

Il eût fallu lever en ce moment la séance, et aller à la Chambre des Pairs, comme cette Chambre s'y attendait [2]. — Un membre monta au fauteuil en cet instant, pour engager le Président à lever la séance, car il n'y avait rien à l'ordre du jour. Mais le Président répondit stoïquement : « Marie a demandé la parole !... »

Il craignait de déplaire à Marie !

Il m'en coûte beaucoup, je l'avoue, d'arrêter ainsi le lecteur sur les incidents de cette séance, *qui a été le tombeau de la Royauté et du Gouvernement constitutionnel de* 1830 : mais il faut bien que l'histoire se décide à expliquer ce qui, autrement, ne serait compris de personne.

Un Corps ne vaut que par la manière dont il est dirigé. L'armée de Paris, commandée par le maréchal Bugeaud, eût vaincu l'émeute ; personne n'en doute. — Privée de ce chef redouté, restée sans ordres, sans direction, elle n'a servi de rien. Pas un soldat n'a manqué à son devoir : aucun n'a ni déserté le drapeau, ni

[1] Voyez ci-devant, page 464.

[2] Elle en avait le pressentiment instinctif. (Voyez dans les *Annexes,* sur la page 475, ce qui est dit de la Chambre des Pairs.)

désobéi ; mais on ne leur a rien commandé, sinon de cesser le feu. — Ils ont laissé faire...

Il en est de même des Corps délibérants. Ils ne peuvent être mis en jeu que par les propositions qui leur sont régulièrement soumises : c'est au Gouvernement à leur indiquer le genre de concours qu'il en attend. — Du reste, leur police intérieure, la conduite de leurs délibérations, la répression des désordres qui s'y produisent, dépendent exclusivement de la prévoyance, de la présence d'esprit, et de la fermeté de ceux qui les président. Les Assemblées qui veulent faire leur police elles-mêmes ne peuvent s'exprimer que confusément; elles troublent l'ordre, au lieu de le rétablir. Il est une foule de cas, et ce sont les plus graves, où le Président doit prendre l'affaire en main, *parler seul pour l'Assemblée,* dire ce qu'elle ne peut dire elle-même, exprimer, faire étinceler les sentiments qui fermentent dans son sein, se prendre corps à corps avec certains orateurs, réprimer de son chef, avec autorité, leurs excentricités, et y employer jusqu'à extinction toutes les forces de son corps et de son âme : — à ce prix seulement, l'ordre peut renaître et reprendre le dessus dans une grande assemblée.

Et cependant, n'exigeons pas trop. Les circonstances peuvent être quelquefois plus fortes que les hommes. Il n'est pas donné à tous les présidents d'être des Boissy-d'Anglas, de braver l'émeute menaçante, et de saluer, quand on la leur présente, la tête sanglante de Féraud !

Personne ne peut, sans présomption, se flatter d'atteindre à cette héroïque fermeté, et dire : si j'avais été là, j'aurais fait mieux. Il ne faut d'ailleurs exiger des hommes que ce que leur nature comporte.

M. le président Sauzet est essentiellement un homme de bien ; il est doué d'éminentes qualités : — Une noble prestance, une voix sonore, une élocution brillante ; il était aussi capable de bien exposer que de bien résumer les questions dans une Cour de justice ou dans un Conseil d'État. Il a été excellent avocat, orateur habile en maintes occasions, bon garde des sceaux, homme foncièrement moral et religieux.... — Ajoutons des dons particuliers : une grande affabilité de manières, des paroles caressantes pour le plus grand nombre, courtoises pour tous, un soin infini de ménager les amours-propres, et le bonheur de n'en blesser aucun. — Voilà certes bien des côtés recommandables, et qu'il n'a guère été donné à d'autres de réunir au même degré.

Avec tout cela, cependant, M. Sauzet n'était pas trempé pour soutenir de grandes luttes. Aimable et bon président en temps calme [1], au moindre symptôme d'agitation, il éprouvait un ébranlement nerveux qui se communiquait à tout son être. Pouvait-il changer sa nature ? — Dans les graves circonstances où il s'est trouvé, a-t-il dit ce qu'il devait dire ? — Pouvait-il empêcher ce qu'il a laissé faire ?

Ses intentions étaient droites ; son dévouement n'était pas douteux ! — S'il n'a pas réussi, plaignons-le !...

Cependant, il est pour chaque fonction, et spécialement pour la Présidence, un savoir-faire qui tient à la nature même des fonctions. — A défaut du sublime, il est des instincts que tout homme doit trouver au dedans de soi-même, et des devoirs tellement in-

---

[1] Quilibet nautarum rectorumque tranquillo mari gubernari potest ; ubi sæva orta tempestas est, ac turbato mari, vento rapitur navis, tùm *viris* opus est ! (Discours de Fabius au Sénat.)

diqués, que c'est une faute lourde de n'avoir pas su les remplir.

Ainsi, je le dis avec peine, mais je ne puis m'en taire (*Amicus Plato, sed magis amica veritas*), je reproche ouvertement au Président du 24 février d'avoir donné dans le panneau tendu par M. de Lamartine; et, sous couleur de suspension de la séance, d'avoir prononcé, de son chef et sans consulter l'Assemblée, ce qu'assurément elle n'aurait jamais ordonné : *l'expulsion du jeune Roi et de la Duchesse d'Orléans.* — Ma conviction là-dessus est entière : ç'a été une faute capitale.

Ces mots : « La séance est suspendue jusqu'à ce que la Duchesse d'Orléans et le nouveau Roi *se soient retirés,* » — sont devenus la cause première de la perturbation qui s'est immédiatement introduite dans le sein de l'Assemblée; ils ont jeté l'incertitude dans les esprits, et paralysé tout l'effet de cet enthousiasme qui, un instant auparavant, avait acclamé les augustes hôtes que l'Assemblée avait accueillis dans son sein ! ! !

Il fallait au contraire se rallier à ce mouvement, et s'y rattacher tout entier.

Cette faute première, cette faute irréparable va devenir la source de toutes les autres. En face de tous les incidents qui vont se produire, le Président qui, au début, n'a pas su *juger le caractère de la séance,* ne pourra plus ressaisir l'ascendant qu'il devait emprunter à la présence du Roi et à l'autorité royale, *qu'il fallait avant tout mettre en relief et faire respecter.* Désormais il ne saura plus ni emprunter au règlement, ni trouver en lui-même, le moyen de diriger les délibérations, de prévenir ou de réprimer les écarts. La

séance va reprendre et continuer, puisqu'il l'a voulu;
et il le voudra jusqu'au bout, avec obstination ! Elle va
se continuer, mais au milieu d'un désordre toujours
croissant, et au profit de l'émeute, qui finira par *triompher sur place !* Et cette séance, qui avait commencé
par un *élan monarchique* plein d'enthousiasme et de
vigueur, se terminera, après deux heures de tiraillements et d'angoisses, par la proclamation de *la République !*

Nous allons maintenant reprendre le compte rendu
du *Moniteur,* le seul journal dont les sténographes
aient tenu bon [1], et soient restés constamment à leur
poste ; — à chaque incident nous ferons une pause, et
nous intercalerons nos appréciations, afin que le lecteur puisse réfléchir, apprécier lui-même et juger.

Suite de la séance du 24 février.

Aussitôt après ces mots prononcés par le Président :
« La Chambre va suspendre sa séance jusqu'à ce
que Madame la duchesse d'Orléans et le nouveau Roi
se soient *retirés.* »
Le *Moniteur* continue :

(M. le duc de Nemours et plusieurs Députés s'approchent de
Madame la duchesse d'Orléans et paraissent l'engager à se retirer.)

M. Lherbette, s'adressant à M. le Président : « Madame la
duchesse d'Orléans désire rester ici.

[1] C'est un témoignage que leur rend M. Émile de Girardin, dans le
numéro 4310 du journal *la Presse,* portant les dates simultanées des 25,
26, 27 et 28 février, troisième colonne de la deuxième page. — On y lit
ce qui suit : « Le *Moniteur* seul a été intrépide. Seul, inébranlable, impassible, il est resté à son poste, tandis que tous nos sténographes enjambaient
leur tribune et venaient se mêler à ce tumulte sans nom, à ce conflit de
la parole et du fait..... C'est dans le *Moniteur* qu'il faut lire cette scène
inouïe..... »

(Le bruit et l'agitation redoublent.)

M. le Président recommande le silence et le respect. »

Belle formule assurément ! mais peu capable de calmer le désordre causé par la fatale suspension. — En effet, que se passe-t-il ? Le *Moniteur* va nous l'apprendre :

(Bruits divers.) M. Marie occupe toujours la tribune. Pendant ce temps, Madame la duchesse d'Orléans et ses enfants restent debout dans l'hémicycle entourés d'un grand nombre de Députés.

Dans cette situation pleine de détresse, le général Oudinot se lève et s'écrie : « La Princesse, on vous l'a dit, a traversé les Tuileries et la place de la Concorde, seule, à pied, avec ses enfants aux acclamations publiques. Si elle désire se retirer, que les issues lui soient ouvertes, que nos respects l'entourent, comme elle était entourée tout à l'heure des respects du peuple de Paris. *Accompagnons-la où elle veut aller.* (Interruption.) — Si elle demande à rester dans cette enceinte, qu'elle reste, et elle aura raison, car elle sera protégée par notre dévouement. » (Très-bien !)

Que n'a-t-on saisi cette proposition généreuse et chevaleresque : « *Accompagnons-la où elle veut aller!...* »—Bien loin de s'en emparer, le Président persiste dans sa première idée ; il en fait la matière d'une nouvelle injonction :

M. le Président : « La première mesure à prendre, c'est d'inviter *toutes* les personnes *étrangères à la Chambre* à sortir de l'enceinte ; (Non ! non !) la Chambre ne peut pas délibérer. »

Ainsi, voilà, pour la seconde fois, la Duchesse et les Princes mis en demeure d'évacuer la salle ; la première fois, *nominativement ;* cette fois-ci, avec la formule générale : *toutes* les personnes étrangères à la Chambre.—On se dispose à exécuter cette double sentence. En effet, le *Moniteur* ajoute, entre deux parenthèses :

(En ce moment, Madame la duchesse d'Orléans semble *céder aux invitations qu'on lui adresse*. Précédée du duc de Nemours, et suivie de ses deux enfants, elle monte les degrés de la salle par le couloir du centre qui conduit à la porte placée au-dessous de l'horloge. Arrivée aux derniers bancs du centre gauche, elle y prend place, toujours entourée du même cortège, *aux acclamations de la Chambre presque entière*.—MM. les Députés de l'extrême gauche restent impassibles à leurs places. — Le nombre des personnes étrangères à la Chambre augmente à chaque instant dans les couloirs.)

Entendez-vous ces *acclamations?* elles sont *presque unanimes!* Au lieu de repousser ces augustes hôtes, les Députés applaudissent en les voyant prendre séance *au milieu d'eux.* — C'était leur place en effet[1].

En cet état, M. le Président annonce que :

« La Chambre va délibérer! »

Délibérer! — Et sur quoi, je vous prie? — Il n'y

[1] Ici je dois intercaler quelques faits qui n'ont pu être remarqués par les sténographes du *Moniteur*, et qu'ils n'ont point constatés.

Madame la duchesse d'Orléans était allée, en effet, se placer sur un des bancs élevés de la salle, à gauche de la travée du milieu. Elle était assise entre ses deux enfants, M. le duc de Nemours à sa droite, le comte de Paris entre elle et lui.

Pendant ce mouvement, j'étais resté à ma place ordinaire, au bas du centre gauche.

L'invasion de la salle continuait toujours.

Le Président de l'Assemblée était séparé de ses collègues par une foule compacte qui occupait *l'hémicycle et les deux côtés de la tribune*.

Au milieu de cette pression, désirant me rapprocher de Madame la duchesse d'Orléans, je sortis, bien qu'avec peine, et passant par la salle des conférences, je parvins à me placer derrière elle.

En ce moment, M. Crémieux était assis à côté du petit duc de Chartres, à gauche de madame la Duchesse, et il lui proposait de lire quelques lignes qu'il avait tracées au crayon sur un carré de papier.

Madame la Duchesse me montra cet écrit; et, après l'avoir lu, je le replaçai devant elle, en lui disant que, si elle parvenait à se faire entendre, ce qu'elle dirait d'elle-même vaudrait assurément mieux et produirait infiniment plus d'effet. Mais, comme nous le verrons bientôt (page 485), elle ne put jamais parvenir à obtenir la parole; M. Crémieux reprit et serra son écrit.

2

avait rien à l'ordre du jour, — rien en délibération ; —
aucune proposition dont la Chambre fût régulièrement
saisie et sur laquelle on pût discuter.

Le *Moniteur :* — (En ce moment, M. Odilon Barrot entre
dans la salle : un grand nombre de Députés l'entourent.)

M. Dumont : Laissez parler M. Odilon Barrot!

(*M. Marie* à la tribune se dispose à prendre la parole.)

Plusieurs voix : M. Odilon Barrot! M. Odilon Barrot!

M. Crémieux: Laissez parler M. Marie, M. Odilon Barrot viendra
après.

M. Crémieux avait tort. M. Odilon Barrot, comme
ministre, avait droit de parler le premier, et de prévenir ainsi des propositions séditieuses, s'il avait su
prendre l'initiative; mais il ne voulut pas s'en saisir; et,
au lieu de s'emparer du gouvernail, il laissa la parole à
l'opposition.

M. Marie : Messieurs, dans la situation où se trouve Paris,
vous n'avez pas un moment à perdre pour prendre des mesures
qui puissent avoir autorité sur la population. Depuis ce matin,
le mal a fait d'immenses progrès, et si vous tardez encore à prendre des mesures par des délibérations inutiles, vous ne savez pas
jusqu'à quel point le désordre peut aller; il est donc urgent de
prendre un parti. Quel parti prendre? On vient de proclamer la
Régence de Madame la duchesse d'Orléans; *vous avez une loi*
qui a nommé le duc de Nemours régent; vous ne pouvez pas
aujourd'hui faire une régence, c'est certain, il faut que vous
obéissiez à la loi; cependant il faut aviser; il faut à la tête de la
capitale, comme à la tête de tout le royaume, d'abord un Gouvernement imposant; je demande qu'un Gouvernement provisoire
soit constitué. (Bravos! bravos! dans les tribunes.) Quand ce
Gouvernement aura été constitué, il avisera, il pourra aviser
concurremment avec les Chambres, et il aura autorité dans ce
pays. Ce parti pris à l'instant même, le faire connaître dans
Paris, c'est le seul moyen d'y rétablir la tranquillité : il ne faut
pas en pareil moment perdre son temps en vains discours.

Voici, Messieurs, *ma proposition :* je demande que sur-le-
champ un Gouvernement provisoire soit organisé.

A l'instant, M. le Président aurait dû s'interposer :
— Une proposition ! — En la forme, loin de la laisser
développer, et de la mettre en délibération, le Président ne devait pas même la laisser *lire* ! aux termes
du règlement, on ne pouvait en faire connaître *la
teneur* à la tribune qu'autant que la lecture en aurait
été *préalablement* autorisée par trois bureaux [1].

Au fond, le simple énoncé de cette proposition était
inconstitutionnel. *Il y a une loi* de régence, avait dit
l'orateur. — Eh bien, exécutez-la, en attendant qu'on
la change, et qu'on ait le temps d'en voter une autre.
Le Régent est là ; il ne déserte pas son poste ; il assiste
le Roi et la Veuve de son Frère. La présence de *ces
personnes* RÉUNIES répond à tout ; le Gouvernement *n'est
pas vacant*. — Que signifie donc la proposition *d'un
Gouvernement provisoire ?*

Le Président ne dit pas un mot à M. Marie ! le Ministre de l'intérieur ne demande pas la parole ! et
M. Crémieux la prend pour prononcer un discours
encore plus excentrique. — On va en juger :

M. Crémieux : « Dans un pareil moment, il est impossible que
tout le monde soit d'accord pour proclamer Madame la duchesse
d'Orléans pour régente, et M. le comte de Paris pour roi ; la
population ne peut pas accepter immédiatement cette proclamation ; en 1830, *nous nous sommes fort hâtés, et nous voici obligés
en 1848* de recommencer. (Bravo ! bravo !) Nous ne voulons pas,
Messieurs, nous hâter en 1848 ; nous voulons procéder régulièrement, légalement, fortement.

» Le Gouvernement provisoire (Bravo ! bravo !) [2] que vous nom-
merez ne sera pas seulement chargé de maintenir l'ordre, mais
de *nous apporter ici des institutions* qui protègent toutes les par-

---

[1] C'est ce que M. le Président avait pratiqué deux jours auparavant (le 22
février), lors du dépôt de la proposition d'accusation contre les Ministres.
(Voyez ci-dessus, p. 441 et 442.)

[2] Ces bravos partaient des étrangers entrés dans la salle.

2.

ties de la population, ce qui lui avait été promis, et ce qu'elle n'a pas pu trouver depuis 1830. (Bravo! bravo!) [1]

» *Nommons un Gouvernement provisoire;* qu'il soit juste, ferme, vigoureux, ami du pays, auquel il puisse parler pour lui faire comprendre que s'il a des droits, que tous nous saurons lui donner, il a aussi des devoirs qu'il doit savoir remplir.

» Croyez-nous un peu, nous vous en supplions ; nous sommes arrivés aujourd'hui *à ce que devait nous donner la Révolution de Juillet;* nous n'avons pas voulu le changement de quelques hommes ; sachons profiter des événements, et ne laissons pas à nos fils le soin de *renouveler cette révolution.*

» Je demande l'institution d'un Gouvernement provisoire composé de cinq membres.» (Approbation à gauche et dans les tribunes.)

Cette intervention des tribunes n'est pas réprimée : on ne prescrit pas de les faire évacuer. — Nulle injonction aux huissiers ! nulle intervention des questeurs !

Et ce discours si extraordinaire, dans lequel on se reportait à juillet 1830, comme si la Charte de 1830 n'avait rien fondé, est paisiblement prononcé ! Les propositions qu'il renferme ne deviennent la matière d'aucune observation de la part du Président ! Il lui semble, apparemment, que tout cela est dans l'ordre.

Mais M. Odilon Barrot, président du Conseil, est présent; il a tout entendu, il monte enfin à la tribune, il va sans doute répondre; l'Assemblée s'y attend; elle est impatiente de l'entendre : *Monstra te esse Ministrum !*

M. Odilon Barrot : (Écoutez! écoutez!)....... « Notre devoir est tout tracé, dit-il. Il a heureusement cette simplicité qui saisit toute une nation, il s'adresse à ce qu'elle a de plus généreux et de plus intime, à son courage, à son honneur.

» La couronne de Juillet repose sur la tête d'une femme et d'un enfant. (Vives acclamations au centre.)

(Madame la duchesse d'Orléans se lève et salue l'assemblée; elle invite le comte de Paris à l'imiter, ce qu'il fait.)

---

[1] Ce sont encore les intrus qui disent bravo !....

M. Odilon Barrot : » Je fais un appel solennel.

M. de la Rochejaquelein : » Vous ne savez ce que vous faites. (Madame la duchesse d'Orléans se lève comme pour parler.)

Plusieurs voix : » Écoutez! écoutez! *Laissez parler madame la Duchesse!* [1]

D'autres membres : » Continuez, monsieur Barrot! »

M. Barrot, calme, et avec ce don imperturbable de se posséder soi-même, sans pour cela posséder ni entraîner les autres, continue :

« C'est au nom de la liberté politique dans notre pays, c'est au nom des nécessités de l'ordre surtout, au nom de notre union et de notre accord dans des circonstances si difficiles, que je demande à tout mon pays de se rallier autour de ses représentants de la Révolution de Juillet. Plus il y a de grandeur et de générosité à maintenir, et à relever ainsi la pureté et l'innocence, et plus mon pays s'y dévouera avec courage. *Quant à moi,* je serai heureux de consacrer mon existence, tout ce que j'ai de facultés dans ce monde, à faire triompher cette cause, qui est celle de la vraie liberté de mon pays. (Bravos au centre.)

M. de la Rochejaquelein : » Je demande la parole.

M. Odilon Barrot : » Est-ce que, par hasard, on prétendrait remettre en question ce que nous avons décidé par la Révolution de Juillet? (Très-bien! très-bien!) [2]

[1] Ce mouvement n'a pas échappé à M. de Lamartine, *Hist. de la Révolution de 1848,* page 188 :

« Le jeune Roi, dit-il, se lève au signe de la Princesse et salue à son tour ceux qui ont applaudi sa mère. Le duc de Nemours parle à l'oreille de la duchesse. Elle se relève de nouveau avec une timidité plus visible. Elle tient un papier dans sa main; *elle l'agite en le montrant au Président.* Une voix féminine, claire, vibrante, mais étouffée par l'émotion, sort du groupe qui l'entoure, et fait courir avec un frisson un léger tintement sur l'Assemblée. *C'est la Duchesse qui demande à parler aux représentants de la nation!* — Qui aurait résisté à cette voix? Qui n'aurait senti tomber sur son cœur les larmes dont elle eût été sans doute entrecoupée? C'en était fait de la discussion. LE PRÉSIDENT NE VOIT PAS LE GESTE, N'ENTEND PAS CETTE VOIX, ou *affecte de ne pas voir ou de ne pas entendre,* pour laisser les esprits à M. Barrot. La Duchesse, interdite et effrayée de son audace, se rassoit. La nature, vaincue, reste muette; que pourra l'éloquence? »

[2] Eh! certainement, c'est là ce qu'on veut! M. Crémieux vient de vous le dire assez clairement : — répondez-lui donc !

» Messieurs, la circonstance est difficile, j'en conviens; mais il y a dans ce pays de tels éléments de grandeur, de générosité et de bon sens, que je suis convaincu *qu'il suffit de leur faire appel* pour que la population de Paris se lève autour de cet étendard. (Oui! oui!) Il y a là tous les moyens d'assurer toute la liberté à laquelle ce pays a le droit de prétendre, de la concilier avec toutes les nécessités de l'ordre qui lui sont si nécessaires, de rallier toutes les forces vives de ce pays, et de traverser les grandes épreuves qui lui sont peut-être réservées.

» Ce devoir est simple, tracé par l'honneur, par les véritables intérêts du pays; si nous ne savons pas le remplir avec fermeté, persévérance, courage, je ne sais quelles peuvent en être les conséquences; mais soyez convaincus, comme je le disais en commençant, que celui qui a le courage de prendre la responsabilité d'une guerre civile au sein de notre noble France, celui-là est coupable au premier chef, celui-là est criminel envers son pays, et envers la liberté de la France, et du monde entier.

» Quant à moi, Messieurs, je ne puis prendre cette responsabilité. La régence de la duchesse d'Orléans, un Ministère pris dans les opinions les plus éprouvées, vont donner plus de gages à la liberté; et puisse un appel au pays, à l'opinion publique dans toute sa liberté, se prononcer alors, et se prononcer, sans s'égarer jusqu'à des prétentions rivales de la guerre civile !...

M. Ledru-Rollin : » Je demande la parole.

M. Barrot, continuant : » se prononcer au nom des intérêts du pays et de la vraie liberté; voilà, quant *à moi,* quel est *mon avis,* quelle *est mon opinion ;* je ne pourrais pas prendre la responsabilité d'une autre *situation.* »

Après cette honnête, mais stérile protestation [1], le Ministre regagne son banc, et se rassied avec la gravité d'un fait accompli : — sans avoir rien proposé; — sans provoquer aucune mesure; — sans même avoir dit à ceux qui proposaient *un Gouvernement provisoire :* «Mais il y a *un Gouvernement définitif!* J'en

---

[1] Le Président Sauzet en a jugé ainsi : « Cette *déclaration,* dit-il (p. 309 de son *Apologie*), ressemblait bien plus à la *protestation* d'une loyale conscience, *qu'à la ferme initiative du gouvernement.* »

suis le chef et l'organe ! Je suis Ministre et Président du Conseil ! — Le Roi est présent ! — Vous êtes des factieux ! »

M. de la Rochejaquelein : « Je répondrai à l'honorable M. Barrot que je n'ai pas la folle intention de venir ici élever des prétentions contraires ; non, mais je crois que M. Odilon Barrot n'a pas servi, comme il aurait voulu les servir, les intérêts pour lesquels il est monté à cette tribune. (Bruit.)

» Messieurs, il appartient peut-être à ceux qui, dans le passé, ont toujours servi les Rois, de parler maintenant du pays, *et de parler du peuple.* (Quelques voix : Bien ! très-bien !)

M. de la Rochejaquelein : » Aujourd'hui, vous n'êtes rien ici; *vous n'êtes plus rien !*

Au centre : » Comment donc ! Comment donc !

M. de Mornay : » Nous ne pouvons accepter cela.

M. le Président : » Monsieur, vous vous écartez de l'ordre, je vous rappelle à l'ordre. »

Et voilà tout ! — N'était-ce donc point le cas d'ajouter : « Mais si nous ne sommes rien, M. de la Rochejaquelein, que suis-je donc, moi, Président ? Qu'êtes-vous, vous-même, M. de la Rochejaquelein ? Non-seulement *vous vous écartez de l'ordre,* mais vous *scandalisez l'Assemblée !* vous *la méconnaissez !* vous *l'insultez* au premier chef ! Il ne doit pas vous être permis de continuer, je vous retire la parole ! » — Rien de tout cela n'étant dit, au moins en équivalent :

M. de la Rochejaquelein continue : « Permettez-moi de parler. Quand je dis que vous n'êtes rien, en vérité, je ne crois pas soulever des orages.

» Ce n'est pas moi, député, qui vous dirai que la Chambre des Députés n'existe plus comme Chambre. Je dis qu'elle n'existe plus comme...... (Interruption). Je dis, Messieurs, qu'il faut convoquer la nation , et alors.....

(En ce moment, une foule d'hommes armés, gardes nationaux,

étudiants, ouvriers, pénètre dans la salle des séances, et arrive jusqu'à l'hémicycle. Plusieurs sont porteurs de drapeaux [1] ; un tumulte général se produit dans l'assemblée. La plupart des membres siégeant aux bancs du centre affluent vers les banquettes supérieures. Les cris : « *Nous voulons la déchéance du Roi*, la déchéance ! la déchéance ! » sont poussés par ceux qui paraissent marcher à la tête de la foule.)

Est-ce là la *nation* que l'orateur attendait?... Est-ce là le *peuple* pour lequel il stipulait?...

M. le Président, se couvrant : « Il n'y a point de séance en ce moment. »

Nous y voilà ! — Hélas ! elle n'avait déjà que trop duré, cette séance ! Depuis près de deux heures, elle se prolongeait comme une agonie, dans le vague et les convulsions !...

Pourquoi s'obstiner à rester en séance, quand, d'une part, l'invasion des étrangers dans la salle n'avait pas cessé d'augmenter; et que, d'autre part, les seules propositions portées à la tribune impliquaient *la méconnaissance* du Gouvernement royal, *la révolte* contre son autorité, *la ruine de la Constitution!* — Rester en séance dans de telles circonstances, c'était maintenir un champ de bataille pour les factieux. Ils occupaient seuls et d'une manière compacte l'hémicycle et les couloirs. Le Président était totalement séparé de ses collègues. Impossible à ceux-ci d'aborder la tribune, envahie par trois ou quatre orateurs de l'opposition. La présence du Président au fauteuil ne servait qu'à perpétuer cet état violent. Il ne s'était couvert apparemment que pour le faire cesser. Or, *d'après le règlement,* cette suspension de la séance impliquait le

---

1 M. de Lamartine a raconté cette scène (*Révol. de* 1848, p. 596) et donné la description de cette *admirable* foule. Voyez le passage dans les *Annexes.*

renvoi immédiat des Députés dans les bureaux, et devait amener forcément l'évacuation de la salle. — Cet article, en effet, avait été introduit dans le règlement pour le cas où, l'Assemblée « étant devenue *tumultueuse* », le Président n'avait pu y ramener l'ordre. — C'était donc évidemment le cas d'appliquer cet article. — Pourquoi ne l'a-t-on pas exécuté?

Aussi, que va-t-il en résulter? — « Il n'y a plus de séance en ce moment, » a dit M. le Président en se couvrant : — c'est-à-dire qu'il n'y a plus de séance *régulière;* aucun Député ne pourrait demander la parole; et, s'il la demandait, le Président ne la lui donnerait pas. — Le Président est *couvert;* mais il occupe toujours le fauteuil, et voici ce qui va se passer *sous ses yeux :*

Le *Moniteur :*

« Un orateur *étranger à la Chambre,* M. Chevalier, ancien rédacteur de la *Bibliothèque historique,* escalade la tribune. (Cris et confusion générale.)

» Messieurs, dit cet orateur...... »

Sans doute on va le faire taire? Une voix va s'écrier: « Huissiers , j'ai presque dit Licteurs, saisissez » cet homme; arrachez-le de la tribune, il outrage » la représentation nationale, dont il usurpe les droits; » jetez-le hors de la salle! » — Non! le Président reste silencieux, impassible; il écoute le *quidam* comme si c'était un Député qui eût obtenu régulièrement la parole. — Rien désormais ne peut plus nous étonner!

Le *Moniteur* rapporte en entier la harangue de cet *étranger* à qui personne n'a dit qu'il n'a pas le droit de parler.... — Cependant, à peine a-t-il fini, que le *Moniteur* ajoute :

« Le trouble et la confusion sont à leur comble; les regards se portent vers le sommet de l'amphithéâtre où s'étaient assis la duchesse d'Orléans et ses enfants. Au moment de l'invasion de la salle par le tumulte [1], la Princesse, les Princes et ceux qui les accompagnaient sortent par *la porte qui fait face à la tribune* [2]. »

Mais voici quelque chose de plus extraordinaire encore. Pendant que le Président est couvert, et immobile comme la statue du Commandeur au festin de Pierre ; après que le *Moniteur* a constaté que :

« Le trouble et la confusion sont à leur comble. »

Le journal ajoute immédiatement ce qui suit :

Un citoyen en costume d'officier, qu'on nous dit être M. Dumoulin, commandant de l'hôtel de ville en juillet 1830, monte à la tribune, et pose sur le marbre la hampe d'un drapeau tricolore.

« Messieurs, s'écrie M. Dumoulin, le peuple a reconquis son indépendance et sa liberté comme en 1830; vous savez que le trône vient d'être brisé aux Tuileries et jeté par la fenêtre. »

MM. Crémieux, Ledru-Rollin et de Lamartine paraissent en même temps à la tribune.

Voix dans la foule : » Plus de Bourbons! A bas les traîtres! *Un Gouvernement provisoire* immédiatement! »

Ici, l'émeute parle plus énergiquement, mais elle tient le même langage que MM. Marie et Crémieux; *elle appuie leurs propositions,* — les reproduit — et les aggrave.

Mais qui donc préside en cet instant ?

C'est apparemment M. Ledru-Rollin! En effet, que dit le *Moniteur ?*

---

[1] Et dans cette vile multitude, M. de Lamartine a remarqué que se trouvait « un garçon boucher, son couteau à la main et ses vêtements ensanglantés! » *Révolution de* 1848, p. 197 et 300. Voyez aux *Annexes.*

[2] Ici, et pour les faits accessoires, il faut encore compléter le *Moniteur* par ce qui sera dit ci-après, p. 405 et suiv.

M. Ledru-Rollin, s'adressant aux hommes de la foule : Au nom du peuple que vous représentez, je vous demande le silence.

Voix du peuple : Au nom de M. Ledru-Rollin, silence!

M. Ledru-Rollin : Messieurs, au nom du peuple, je vous demande un instant de silence.

Un homme du peuple : Un Gouvernement provisoire!

M. Mauguin : Soyez tranquilles! Vous aurez un Gouvernement provisoire!

M. Ledru-Rollin : Au nom du peuple partout en armes, maître de Paris quoi qu'on fasse (Oui! oui!), je viens protester contre l'espèce de Gouvernement qu'on est venu proposer à cette tribune. (Très-bien! très-bien! — Bravos dans la foule.) — Je ne fais pas, comme vous, une chose nouvelle; car en 1842, lors de la discussion de la loi de Régence, seul dans cette enceinte, j'ai déclaré qu'elle ne pouvait point être sans un appel au pays. (C'est vrai! Très-bien!)

M. de la Rochejaquelein : Et moi donc?

Une voix : Oui! la Rochejaquelein aussi!

En 1791, dans le texte même de la Constitution, on a déclaré que l'Assemblée constituante, comprenez-le bien, avec des pouvoirs spéciaux, n'avait pas le droit de faire une loi de Régence, et qu'il fallait un appel au pays pour la faire.

Un député légitimiste, qui connaît le prix du temps et qui pousse au renversement de la dynastie avec non moins de zèle que son collègue M. de la Rochejaquelein, interrompt l'orateur trop prolixe, et lui dit vivement :

M. Berryer, s'adressant à M. Ledru-Rollin : Pressez la question; concluez; un Gouvernement provisoire!

M. Ledru-Rollin : Messieurs, en parlant ainsi au nom du peuple, j'ai la prétention, je le répète, de rester dans le droit, et j'invoque deux souvenirs. (Concluez! concluez!)

En 1815, Napoléon a voulu abdiquer en faveur du Roi de Rome. Le pays était debout; le pays s'y est refusé.

En 1830, Charles X a voulu abdiquer pour son petit-fils : le pays était debout; le pays s'y est refusé.

M. Berryer : Concluez; nous connaissons l'histoire.

M. Ledru-Rollin : Aujourd'hui le pays est debout, et vous ne pouvez rien faire sans le consulter.

Je demande donc, pour me résumer, *un Gouvernement provisoire* (Oui! oui!); non pas nommé par la Chambre (Non! non!), mais *par le peuple!* Un Gouvernement provisoire et un appel immédiat à une *Convention* qui régularise les droits du peuple. (Bravo! bravo!)

Pendant ce temps, chacun se demande où est M. le Président? — Réponse : il est toujours au fauteuil, il est couvert; il se persuade sans doute que la séance est toujours suspendue, car il ne l'a pas rouverte : — Et les factieux en profitent pour gagner du terrain, dire tout ce qu'ils pensent, proposer ce qu'ils veulent.

Aussitôt après M. Ledru-Rollin, vient un autre orateur, qui, pour lui succéder plus sûrement, avait déjà pris place à la tribune. Il sait bien qu'il n'a pas besoin de *demander* la parole, mais il va la prendre.

Le *Moniteur :*

(M. de Lamartine, qui est resté à la tribune [1], s'avance pour prendre la parole.)

Plusieurs voix : Lamartine! Lamartine! (Les applaudissements éclatent. — Écoutez! écoutez!)

M. de Lamartine, après un assez long préambule, conclut en ces termes :

Je demande que l'on constitue un Gouvernement *provisoire* (Bravo! bravo!).... un Gouvernement qui ne préjuge rien, ni de nos droits, ni de nos ressentiments, ni de nos sympathies, ni de nos colères, sur le Gouvernement *définitif* qu'il plaira au pays de se donner, quand il aura été consulté. (C'est cela! c'est cela!) Je demande donc un Gouvernement provisoire. (Oui! oui!)

De toutes parts (dans la foule, bien entendu) : « Les noms des membres du Gouvernement provisoire! »

---

[1] « J'étais demeuré ferme à la tribune (dit-il dans sa *Révolution de 1848,* t. I, p. 217) pour ne pas la livrer à *l'anarchie des motions....* » — Voyons donc ce qu'il va dire *dans l'intérêt de l'ordre ?*

(Plusieurs personnes présentent une liste à M. de Lamartine.)

M. de Lamartine : Attendez ! ce Gouvernement provisoire aura *pour mission,* selon moi,... de convoquer le pays tout entier....

Un dernier mot : ....

L'orateur allait continuer; mais, dit le *Moniteur :*

A ce moment, on entend retentir du dehors des coups violents aux portes de l'une des tribunes publiques. Les portes cèdent bientôt sous les coups de crosses de fusil. Des hommes du peuple, suivis de gardes nationaux, y pénètrent en criant : « A bas la Chambre! Pas de Députés ! » — Un de ces hommes a poussé le canon de son fusil dans la direction du bureau. Les cris de : « Ne tirez pas! ne tirez pas! c'est M. Lamartine qui parle! » retentissent avec force. Sur les instances de ses camarades, l'homme relève son fusil.

M. le Président, qui est resté au fauteuil, réclame *le silence* en agitant violemment *la sonnette.*

Le Président réclame le silence! — Il a donc ôté son chapeau!— La séance est donc reprise, quoiqu'on n'ait pas été dans les bureaux ?

M. le Président réclame *le silence!* Et pour qui donc? Pour entendre jusqu'au bout de pareils discours! Tandis qu'il aurait fallu *imposer silence* à ceux qui les tenaient et qui proposaient un nouveau gouvernement ! !

Mais ce désordre durait depuis trop longtemps. Il ne pouvait que s'accroître; aussi le *Moniteur* constate cet horrible *crescendo* en disant :

Le bruit et le tumulte acquièrent la plus grande intensité.

M. le Président : « Puisque je ne puis obtenir le silence, je déclare la séance levée. »

M. Sauzet quitte le fauteuil, après avoir prononcé ces paroles.

Ici, l'assemblée de la Chambre des Députés cesse.

Il est bien temps en vérité! Le Président quitte rapidement le fauteuil ; il part comme un trait ; mais en quel état laisse-t-il l'Assemblée et tous ses collègues ? Jusqu'à ce dernier moment, ceux-ci, le voyant toujours au fauteuil sans y rien dire et sans y rien faire, sont restés cloués sur leurs bancs, avec le sentiment de leur impuissance, et le désespoir d'être ainsi retenus, cloués dans la salle, pour être témoins de tous les désordres que le *Moniteur* vient de raconter.

Deux heures auparavant, si la séance eût été levée, les factieux n'auraient su où aller ! La tribune leur eût été enlevée ? Ils n'auraient pas eu pour eux le simulacre d'une séance se prolongeant avec une apparence de droit, sous les yeux du Président. Mais à l'heure où nous sommes, les choses ont marché, l'œuvre des factieux est trop avancée, ils n'ont garde de désemparer.

Interrogeons, pour la dernière fois, le *Moniteur* :

Seconde séance du 24 février [1].

Le *Moniteur* :

« Ici, l'assemblée de la Chambre des Députés *cesse :* mais le peuple, armé de fusils, de sabres, mêlé aux gardes nationaux, et un certain nombre de Députés de la gauche, restent dans la salle.

» Après quelques instants de tumulte, M. Dupont de l'Eure monte au fauteuil ; il est entouré d'un grand nombre de personnes étrangères à la Chambre.

» M. de Lamartine est toujours à la tribune [2].

Voix nombreuses : » Les noms ! les noms des membres du Gouvernement provisoire ! »

Le *Moniteur* contient deux colonnes entières de

---

[1] Le recueil imprimé officiel des *Procès-verbaux de la Chambre,* année 1848, p. 756, en contient le compte rendu sous ce titre : *Séance de* LA RÉVOLUTION DU 24 FÉVRIER, *présidence de M. Dupont de l'Eure.*

[2] Sans doute encore pour empêcher l'*anarchie des motions!*

cris, de dialogues, d'acclamations diverses qu'il serait fastidieux de rappeler ici. — Qu'il suffise de dire
qu'en fin de cause, il s'établit un mode de nomination
à la criée :

« Messieurs, dit Ledru-Rollin, à mesure que je lirai les noms,
suivant qu'ils vous conviendront, ou ne vous conviendront pas,
vous crierez *oui* ou *non.* » (Très-bien ! Écoutez!)

On lit ainsi quelques noms accueillis les uns par
des *oui! oui!* d'autres, par des *non! non!* quelques-uns,
par *oui* et *non,* — *si! si!* — *non! non!*
On crie : A l'hôtel de ville!
Plusieurs voix : *Vive la République!*
Tout le monde se retire.
La salle est bientôt complétement évacuée.
Il est quatre heures passées!...

Retraite de Madame la Duchesse d'Orléans et de ses enfants.

Pendant que ces saturnales se célébraient, qu'étaient
devenus Madame la duchesse d'Orléans et ses enfants?
Le *Moniteur* a marqué l'instant où, après le discours
de M. Chevalier (*suprà,* page 490), en présence de l'invasion de la salle par les émeutiers, il fallut songer à la
retraite. Mais il ne donne aucun détail, et il se borne à
dire que cette retraite se fit par la porte qui est *en face
de la tribune :* ce qui n'est point exact.
Ici, il est nécessaire de rappeler que derrière la
porte du milieu, placée au haut de l'amphithéâtre en
face du Président, il y a un large escalier de service
qui se bifurque en deux lignes divergentes à droite et
à gauche, aboutissant toutes deux dans le bas à un corridor de ceinture qui conduit d'une part à la grande

salle des pas perdus, et de l'autre à la salle des conférences.

C'est par ce dernier côté que la retraite eût été facile : j'en avais prévenu d'avance Madame la duchesse d'Orléans. Mais lorsque, après de vains efforts faits par cette femme héroïque pour essayer de se faire entendre, le désordre fut arrivé à son dernier terme, quand tout à coup on entendit les portes des tribunes enfoncées à coups de crosse par des hommes dont les fusils furent dirigés sur l'intérieur de la salle, le Président, comme on l'a dit, quitta enfin le fauteuil, et l'Assemblée entière se leva au milieu d'une confusion inexprimable.

Aussitôt, M. le duc de Nemours, dont je n'avais pu m'approcher, attira sa belle-sœur du côté où il était, et de là ils furent poussés et dirigés par un flot de Députés vers un petit escalier obscur et très-étroit aboutissant au coin de la porte qui communique par le corridor du rez-de-chaussée à la salle des pas perdus.

La masse de Députés et d'étrangers qui se précipitèrent dans la même direction rendit ce passage difficile; le comte de Paris courut des dangers, et ne fut dégagé que par l'intervention énergique de l'huissier Desportes.

Ne pouvant ni suivre, ni rejoindre Madame la duchesse d'Orléans de ce côté, je revins rapidement à l'escalier du centre, qui était resté libre et devait me ramener par le couloir à la descente du petit escalier.

Au moment où j'arrivais ainsi dans le corridor, je rencontrai César Lipmann (frère de l'huissier de ce nom) qui emportait le duc de Chartres dans ses bras du côté qui aboutissait à la salle des conférences. Voyant son embarras, je courus devant lui pour lui ouvrir successivement les portes qui conduisent, à travers la salle des conférences et le vestiaire, jusqu'à l'escalier qui d'une part descend du côté de la rue de Bourgogne, et de l'autre remonte à des appartements de service, dans l'un desquels logeait l'huissier Lipmann, chez qui son frère déposa son précieux fardeau. Je revins ensuite en toute hâte sur mes pas pour retourner du côté de la salle des pas perdus, et dire à Madame la Duchesse d'Orléans que son fils était en sûreté.

Mais tout était dans une épouvantable confusion, et je ne pus arriver jusqu'à elle. Cette salle était comme une fournaise, où j'essayai de pénétrer, et dont j'eus la plus grande peine à me retirer.

Lorsque la foule fut un peu diminuée, je sortis par les cours, du côté de la questure, et je me rendis chez M. Valette, secrétaire de la présidence. — J'y restai quelque temps, et ensuite je retournai chez moi par la place et la rue de Bourgogne, et la rue de Varennes, vers les quatre heures et demie.

Dans la soirée, je sus que Madame la Duchesse d'Orléans et le Comte de Paris avaient trouvé un asile aux Invalides, où ils devaient garder l'incognito.

Plus tard, j'ai connu les détails dont je vais rendre compte, et sur lesquels j'ai pris avec sollicitude les informations les plus exactes.

Arrivé au pied du petit escalier par lequel il était descendu dans le couloir, du côté qui conduit à la salle des pas perdus, cette salle était déjà si pleine d'individus, la plupart malintentionnés, que M. le Duc de Nemours s'était vu obligé de quitter son uniforme, et de revêtir un paletot et un chapeau rond.

On fit ensuite un puissant effort pour dégager Madame la Duchesse d'Orléans qui, dans ce moment terrible, fut séparée de ses deux enfants. Le Duc de Chartres fut sauvé, comme j'ai dit, par Lipmann. Le Comte de Paris, dirigé vers une des fenêtres qui donnent en contre-bas de la salle des pas perdus, sur le jardin intérieur de la présidence, fut lancé et reçu dans les bras d'un des huissiers, qui le conduisit au pavillon Feuchères, alors affecté au service de la présidence. Il y fut introduit par une des fenêtres du logement du maître d'hôtel, et il y resta jusqu'au moment où l'on apprit que Madame la Duchesse d'Orléans, conduite à travers la salle des pas perdus et les passages intérieurs qui desservent les bureaux, avait pu se rendre elle-même dans le cabinet du Président. Alors le Comte de Paris fut réuni à sa mère, et tous les deux, profitant d'une voiture de place, demandée pour toute autre destination, mais qui se trouvait heureusement dans la cour des écuries, purent se rendre à l'hôtel des Invalides.

Ce n'est que dans la soirée que M. le Duc de Chartres fut extrait du domicile de Lipmann, conduit chez madame de Mornay, déposé par elle en maison tierce, et rendu le surlendemain à sa mère, qui n'avait été que trop longtemps en proie aux plus vives angoisses.

Les hommes qui ont recueilli le Comte de Paris par la fenêtre de la grande salle ont raconté que ce jeune prince, quoique effrayé, avait conservé toute sa présence d'esprit, attestée d'ailleurs par ce qu'il dit à l'un d'eux : « Mais, au moins, je serai toujours roi, » n'est-ce pas ? »

Le marquis de Mornay, gendre du maréchal Soult, dans une lettre du 21 juillet 1849, insérée *dans le Journal des Débats,* raconte la noble part qu'il prit à la retraite de Madame la Duchesse d'Orléans, depuis le moment où elle dut quitter la Chambre des Députés, jusqu'à son arrivée à Ems, où il la conduisit avec ses enfants.

Tel fut le sort de cette femme héroïque!

Restée seule après l'abdication du Roi, et comme délaissée par ceux-là mêmes qui l'avaient destinée au rôle de régente, — elle montra par sa conduite combien elle était digne, en effet, de ce titre, et quel caractère elle eût déployé dans ces difficiles fonctions, malgré la triple objection qu'avait précédemment élevée contre elle sa triple qualité de femme, d'étrangère, et de protestante!

En entrant chez elle le 24 février à midi, je l'ai trouvée calme, ferme, résolue;

Prête à suivre le Roi jusqu'à Saint-Cloud, si elle avait pu le rejoindre à temps;

Capable, si elle avait eu près d'elle une voiture pour y monter, un ministre pour l'assister, de se montrer au peuple comme une autre Marie-Thérèse, et d'affronter la turbulence des masses insurgées!

Pleine de confiance quand il fallut se rendre au sein de la Chambre des Députés pour présenter son fils aux représentants de la nation!

Dans tout le trajet, pas un geste, pas un mot qui décelât un trouble, un dépit, une faiblesse, une hésitation. Loin de là, on remarquait en elle une dignité calme, une résolution intrépide, un sang-froid imperturbable.

Dans la Chambre, où de si vives acclamations l'ont accueillie avec son fils, elle a eu le bonheur de l'entendre saluer *Roi des Français* par des voix amies et fidèles! Elle eût, je n'en doute pas, fait entendre de touchantes paroles, de nobles accents, si, quand par deux fois elle se leva pour parler, elle eût trouvé de l'appui pour se faire écouter !

Si la fin de la journée n'a pas eu l'issue que les amis de la monarchie constitutionnelle avaient droit d'en attendre ; la Princesse Hélène, épouse du brave Duc d'Orléans, n'en aura pas moins, aux yeux de la postérité, la gloire d'avoir rempli héroïquement son devoir de veuve et de mère ! — Et toute ma vie, je tiendrai à grand honneur qu'il m'ait été donné de l'accompagner et de la seconder, autant qu'il a dépendu de moi, dans le seul acte viril que le dernier jour de la Monarchie ait vu s'accomplir !

COUP D'ŒIL RÉTROSPECTIF

SERVANT DE RÉSUMÉ.

Ce volume commence en 1839 et finit au 24 février 1848 ; c'est un peu moins de dix ans. Arrivés à ce dernier terme, remarquons le cours qu'ont pris les choses, et le terrain qu'on a parcouru en si peu d'années !

Une *coalition* immorale (car elle se mentait à elle-même) renverse le ministère Molé.

Une *fraction* des coalisés triomphe ! — non la plus nombreuse, mais la plus unie ; — non la plus populaire, mais la plus orgueilleuse et la plus tenace. Elle arrive au pouvoir, et retient avec elle une majorité, — d'abord mécontente, — mais qui ensuite se dit *satisfaite*. — Cette majorité se constitue en parti, — et se montre non moins obstinée que le ministère, au soutien duquel elle se dévoue.

Les coalisés *non satisfaits* s'en irritent ; les plus ardents d'entre eux se rejettent en arrière ; — ils se mettent en quête de nouvelles recrues. Décidés à s'armer de tous les débris qu'ils pourront rencontrer, ils font appel à tous les mécontentements, à toutes les ambitions secondaires !...

Contre l'ordre monarchique, on avait imaginé la coalition dite *parlementaire*.

Contre cette coalition triomphante dans les ministres et dans les Chambres, on suscite l'*agitation électorale*.

Puis, sous prétexte *du droit de réunion*, on convoque le peuple des *banquets!* — On y convie tout le monde; les appétits les plus grossiers y prendront place, les factions les plus radicales y enverront leurs orateurs, en attendant leurs séides.

Tout cela se prépare et s'accomplit au cri, non défini et que rien ne limite, de « *Vive la réforme!* »

En 1847, on avait célébré en province jusqu'à soixante-dix banquets. — On veut que Paris ait aussi le sien : et quel banquet, hélas! un banquet qui, suivant l'expression *du Grand-Agitateur,* soit « un acte éclatant de résistance ».

Paris entendra donc, à son tour, crier dans ses murs : *Vive la réforme!*

Mais à Paris tout va vite quand une fois on a mis tout en mouvement! — Le 20 février, il ne s'agit encore, à en croire l'Opposition, que d'un banquet *pacifique,* pour amener tout au plus un *procès-verbal* anodin, et un jugement de *simple police,* devant lequel tout le monde promet de s'incliner avec respect.... — Le 21, c'est l'annonce d'une *démonstration* gigantesque à laquelle devront prendre part toute la garde nationale, les écoles, les ouvriers, les frères et amis, *e tutti quanti!*

Les Députés même de l'opposition s'en alarment! Ils refusent d'y assister; mais, à titre de compensation, ils déposent un acte d'accusation contre le ministère.

Le 23 février, la démonstration criait : *A bas Guizot! Vive la réforme!*

Le 24, l'émeute vocifère : *A bas Odilon Barrot! Vive la République!*

Le Gouvernement constitutionnel et le roi Louis-Philippe sont ainsi renversés ; mais quelle en sera la suite ?

Dès le lendemain 25 février, à ces mots de la veille : *Vive la République !* on ajoutera : Vive la République *démocratique !*

Et bien pis encore : démocratique *et sociale..... —* c'est-à-dire les doctrines du Luxembourg, et les *ateliers nationaux.*

Bientôt aussi, on aura *la guerre civile !*

Mais la Capitale ensanglantée se réveille ! Cette fois, la garde nationale ne crie plus : *Vive la réforme !* Elle se bat. Unie à l'armée, que ramènent au combat Cavaignac et Lamoricière, elle l'emporte ; l'émeute est vaincue !

Tout cela se passe à Paris. — Que fera la France ?

Inquiète de l'avenir, la France troublée se jette dans les bras du neveu de l'Empereur : *Vive Napoléon !*

Bientôt sept millions de suffrages autorisent à crier : *Vive l'Empereur !*

Et maintenant, la France, après s'être montrée deux fois victorieuse sur les champs de bataille, en Crimée et en Italie ; la France impériale, désormais rassise et rassurée, dit à tous les peuples civilisés : *Vive la paix et la liberté !*

Paris, 1er février 1861.

PARIS. TYPOGRAPHIE DE HENRI PLON, IMPRIMEUR DE L'EMPEREUR, RUE GARANCIÈRE, 8.